부모님이랑 강아지 나라로 여행 가기로 했어. 강아지 나라에서 어떤 일이 생길지 정말 궁금해.

글 | 문재완 세무사

두 아이의 아빠로서 열심히 살아가고 있는 세무사입니다. 또한 세무, 엑셀, 먹방 등의 주제를 중심으로 콘텐츠를 유튜브에 올리고 있는 유튜버이기도 합니다. 우리 아이들이 경제에 대한 올바른 이해를 바탕으로 꿈을 향해 나아간다면 조금 더 행복한 삶이 되지 않을까 하는 바람으로 이 책을 썼습니다.

그림 | 얼레

시각디자인과 문예창작을 전공했습니다. 그림을 그리며 많은 세상을 눈에 담으려 노력하고 있습니다. 우리가 살아가는 이 세상이 책에 담긴 밝은 모습과 닮아 가기를 바랍니다.

감수 | 미래에셋투자와연금센터

2004년 설립 이후 투자자들이 성공적으로 자산 관리를 할 수 있게 도우며 올바른 투자 문화 정착시키기를 목표로 하고 있습니다. 투자 관련 연구, 콘텐츠 개발과 함께 투자자들을 대상으로 한 교육을 꾸준히 진행 중입니다. 특히 '우리아이 경제교육'과 같은 재미있는 프로그램을 통해 어린이 경제 교육에도 큰 노력을 기울이고 있습니다.

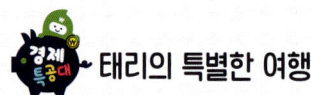

태리의 특별한 여행

글 문재완 세무사 | 그림 얼레 | 감수 미래에셋투자와연금센터
초판 1쇄 발행 2024년 5월 2일
펴낸곳 (주)아람북스 | 펴낸이 이병수 | 주소 서울특별시 성동구 성수이로 147, 아이에스비즈타워 2F
고객센터 1577-4521 | 팩스 02-412-3382 | 홈페이지 www.arambooks.com | 출판등록 제2020-000010호
기획 편집 아람 구름돌 | 디자인 구름돌 | ISBN 979-11-6543-820-3

ⓒ (주)아람키즈
이 책은 저작권법에 따라 보호를 받는 저작물이므로 무단전재와 무단복제를 금합니다.
이 책 내용의 전부 또는 일부를 이용하려면 저작권자의 서면 동의를 받아야 합니다.

- 눈을 편안하게 해 주는 친환경 식물성 원료인 콩기름 잉크로 인쇄하였습니다.
- ⚠ 책 모서리가 날카로워 다칠 수 있으니 사람을 향해 던지거나 떨어뜨리지 마십시오.
- ⚠ 종이에 베이거나 긁힐 수 있으므로 주의해 주십시오.

태리의 특별한 여행

글 문재완 세무사 | 그림 얼레 | 감수 미래에셋투자와연금센터

아기 고양이 태리는 호기심이 많아요.
요즘은 강아지 나라가 궁금해졌지요.
"엄마 아빠! 친구가 강아지 나라에 다녀왔는데,
아이스크림이 엄청 맛있대요.
신기한 장난감도 많고요.
우리도 강아지 나라로 여행 가요!"
엄마 아빠는 태리 말대로 여행을 가기로 했어요.

"자, 잊어버린 것 없지?"
여행 가는 날 아침, 엄마 아빠가 허둥지둥 서둘렀어요.
'와, 드디어 강아지 나라에 간다!
내가 모은 돈으로 사고 싶은 것도 사야지.'
태리는 한껏 부푼 맘으로 비행기를 탔어요.

얼마 뒤 태리네 가족은 강아지 나라에 도착했어요.
그리고 호텔에 짐을 놓고 거리를 구경하러 나섰지요.
"와, 맛있겠다. 우리 아이스크림 사 먹어요."
태리가 아이스크림 가게를 가리키며 말했어요.
엄마 아빠는 빙그레 웃으며 태리와 함께 가게로 향했어요.

| 우유아이스크림 50냥 | 커피아이스크림 50냥 | 체리아이스크림 50냥 | 민트아이스크림 50냥 |

"초코아이스크림 사 주세요."

태리가 말하자, 아빠는 지갑에서 돈을 꺼내다가 소리쳤어요.

"아차, 환전하는 걸 깜박했네."

"환전이요? 그게 뭐예요?"

"돈을 다른 나라 돈으로 바꾸는 것을 말한단다.
고양이 나라 돈을 강아지 나라 돈으로 바꾸는 거지.
강아지 나라에서 물건을 사려면 강아지 나라 돈을 내야 하거든.
여행 준비를 꼼꼼하게 해야 했는데, 환전하는 걸 잊었구나."

아빠는 머리를 긁적였어요.

"어, 그러면 아이스크림을 못 먹는 거예요?"
태리는 울상이 되었어요.
"아니야, 돈을 바꿔 주는 은행에 가면 돼."
태리네 가족은 바로 강아지 나라의 은행을 찾아갔어요.

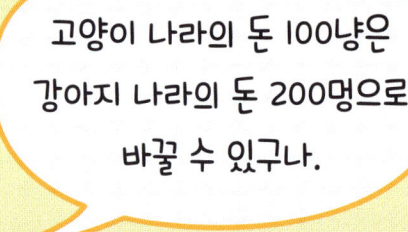

고양이 나라의 돈 100냥은 강아지 나라의 돈 200멍으로 바꿀 수 있구나.

아빠는 환전표를 보고, 돈을 바꾸었어요.

그리고 태리에게 강아지 나라 돈 200멍을 주었어요.

"태리야, 고양이 나라 돈 100냥은 강아지 나라 돈 200멍과 같단다.

이걸로 사고 싶은 거 사렴."

"와, 돈이 더 많아진 것 같아요."

태리는 200멍을 가지고 아이스크림 가게로 달려갔어요.

| 아이스크림 | 50멍 | 커피아이스크림 | 50멍 | 체리아이스크림 | 50멍 | 민트아이스크림 | 50멍 |

"초코아이스크림 주세요."
초코아이스크림 가격은 50멍이었어요.
태리는 가게 주인에게 100멍을 주고
거스름돈 50멍을 받았어요.

"남은 돈으로 장난감을 사야지."
태리는 장난감 가게로 들어갔어요.
태리가 고른 장난감 가격은 150멍이었어요.
태리는 남은 150멍으로 장난감을 샀어요.

다음 날이 되었어요.
태리는 자기가 가져온 돈을 환전하고 싶었어요.
자기 나라의 돈을 다른 나라의 돈으로 바꾸는 게
재미있어 보였거든요.
"아빠, 제 돈 100냥도 강아지 나라 돈으로 바꿀래요."
태리는 돈을 들고 은행으로 갔어요.

"이 돈을 강아지 나라 돈으로 바꿔 주세요."
태리는 100냥을 은행 직원에게 주었어요.
그런데 태리가 받은 돈은 200멍이 아니라 150멍이었어요.
"어? 왜 돈이 어제랑 달라요?"
태리는 이상하다며 물었어요.

오늘의 환전

X월 1일

강아지 나라 | 고양이 나라 | 돼지 나라

200멍 ⟷ 100냥 ⟷ 150꿀

오늘의 환전

X월 2일

강아지 나라	고양이 나라	돼지 나라
150멍 ↔	100냥 ↔	120꿀

"태리야, 그건 각 나라의 돈을 바꾸는 기준이
매일 조금씩 달라지기 때문이란다.
어제는 고양이 나라 돈 100냥과
강아지 나라 돈 200멍이 같았고,
오늘은 고양이 나라 돈 100냥과
강아지 나라 돈 150멍이 같아진 거지."

태리는 아빠의 말이 무슨 뜻인지 몰랐어요.
그냥 실망한 채로 150멍을 들고 은행을 나왔지요.
그러고는 다시 초코아이스크림을 샀어요.
남은 돈은 100멍이에요.
태리는 어제 샀던 장난감을 친구 선물로도 주고 싶었어요.
"남은 돈으로 어제 샀던 장난감을 사서 친구에게 줘야지."
태리는 다시 장난감 가게로 갔어요.

하지만 100냥밖에 없어서 어제 산 150냥인 장난감을 살 수 없었어요.
"앙앙, 돈이 모자라요."
태리는 그만 울음을 터뜨렸어요.

"이런, 아빠가 보태 줄게."
아빠는 50멍을 주며 태리를 달랬어요.
그제야 태리는 울음을 그쳤지요.
"아빠, 다른 나라 돈으로 바꾸는 거 너무 이상해요."
아빠는 미소를 지으며 고개를 끄덕였어요.
엄마도 웃으며 살포시 태리를 안아 주었지요.

태리네 가족은 며칠 동안 강아지 나라를 구경했어요.
강아지 나라는 고양이 나라와 돈도 달랐지만,
먹는 음식, 놀이기구도 달랐어요.
태리는 여행하면서 나라마다 다른 것이 많다는 것을 알게 되었어요.
그래서 너무나 신기하고 재미있었지요.

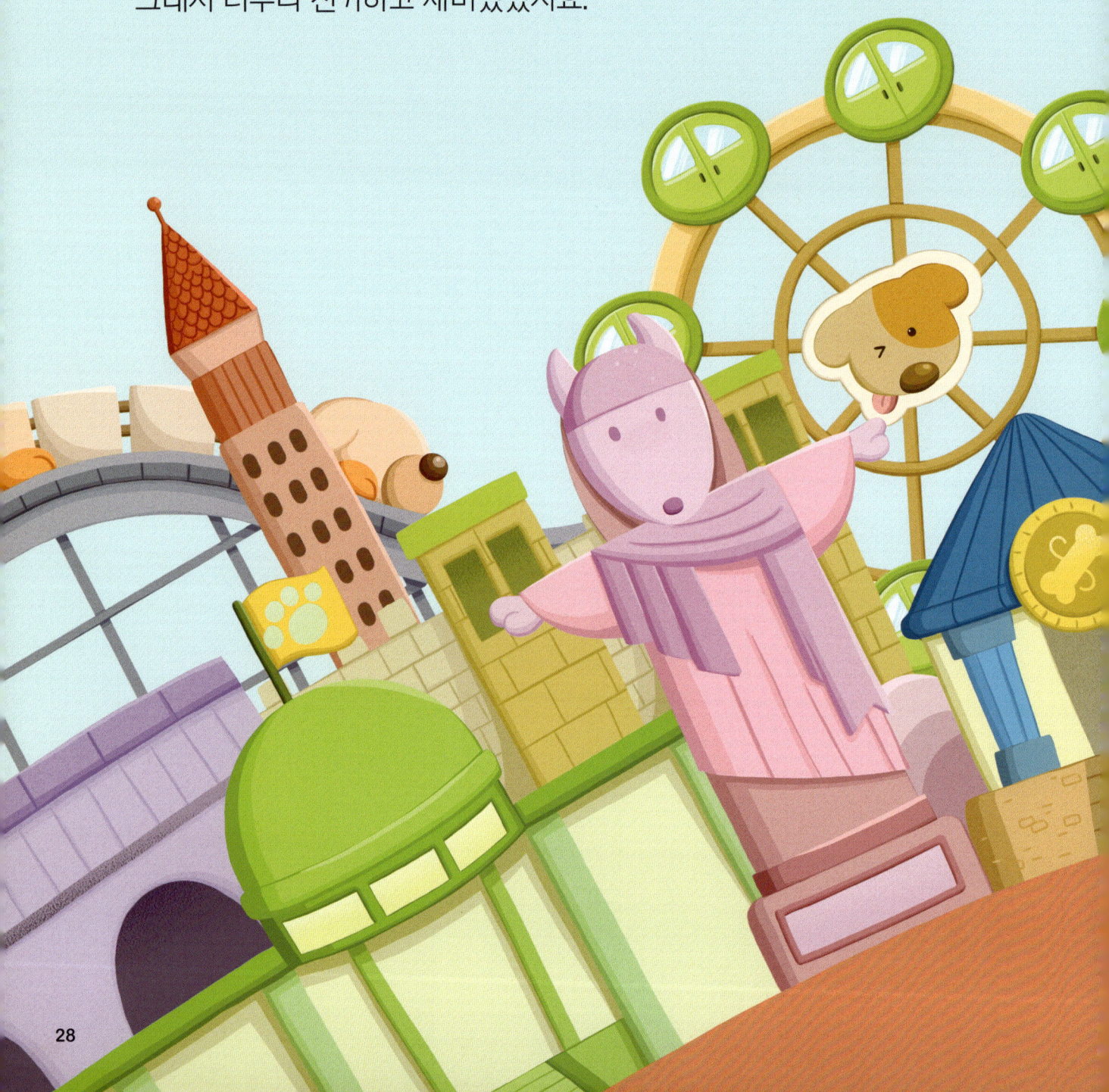

어느덧 집으로 돌아가는 날이 되었어요.
엄마가 남은 강아지 나라 돈 100멍을 태리에게 주었어요.
"태리야, 공항에서 사고 싶은 게 있으면 이 돈으로 사렴."

태리는 엄마에게 받은 100멍을 어떻게 할까 생각했어요.
"아니에요. 저는 이 돈을 여행 기념으로 가져갈래요."
태리는 100멍을 지갑에 잘 넣었어요.

집으로 돌아온 태리는 100멍을 보물함 속에 쏙 넣었어요.
'이번 여행은 정말 재미있고 특별했어.'
강아지 나라 돈은 태리에게 특별한 여행의 추억이 되었답니다.

경제랑 놀아요

환전을 해요

한 나라의 돈을 다른 나라 돈으로 바꾸는 것을 '환전'이라고 해요.
여러 나라의 돈에 대해 알아보고, 환전도 해 보아요.

세계 여러 나라의 다양한 돈

나라마다 돈의 단위가 다른데, 우리나라 돈은 '원'으로 나타내고, '원화'라고 불러요.
미국 돈의 단위는 '달러', 중국 돈의 단위는 '위안', 일본은 '엔', 유럽은 '유로'예요. 그 외 다른 나라도 자기 나라만의 돈의 단위가 있어요. 또 각 나라의 돈에는 그 나라의 역사와 문화를 알 수 있는 유명한 인물이나 건물 등이 그려져 있어요.

우리나라(원) 우리나라 돈에는 역사적으로 유명한 인물이 앞면에 그려져 있어요. 뒷면에는 그 인물과 연관된 그림이 그려져 있고요. 천 원 앞면에는 이황, 오천 원 앞면에는 이이, 만 원 앞면에는 세종대왕, 오만 원 앞면에는 신사임당이 그려져 있어요.

미국(달러) 미국 돈에는 조지 워싱턴, 에이브러햄 링컨 등 유명한 대통령 그림이 많아요.

일본(엔) 일본 돈에는 시인이나 교육자 등 유명한 인물이 그려져 있어요.

유럽(유로) 유럽 돈에는 유럽의 역사와 문화를 알 수 있는 건축물 등이 많이 그려져 있어요.

중국(위안) 중국 돈에는 중국에서 중요한 최고 지도자였던 마오쩌둥이 많이 그려져 있어요.

🐱 고양이와 강아지가 돈을 바꾸어요

우리나라 돈을 맞게 바꾸어 준 곳을 골라 ○해 보세요.

환전과 연관된 경제 개념을 알아보아요

환율은 환전할 때 비율이고, 환전과 환율은 나라 간의 무역을 할 때 필요해요.
환전, 환율, 무역에 대해 자세히 알아보아요.

 환전과 환율은 언제 필요한가요?

우리가 다른 나라를 여행할 때는 물론이고, 나라 간에 수입과 수출을 할 때도 환전과 환율이 필요해요. 수입은 다른 나라에서 물건을 사 오고, 수출은 우리나라 물건을 다른 나라에 파는 것을 말해요. 이렇게 나라끼리 서로 물건을 사고파는 것을 '무역'이라고 하지요. 수출하면 다른 나라로부터 돈을 벌어 오게 되고, 수입하면 물건을 산 대가로 다른 나라에 돈을 주어야 해요. 이때 오가는 돈을 주로 미국 돈인 '달러'로 통일해서 주고받아요.

 환율이 내렸다, 올랐다 하는 말은 무슨 뜻인가요?

'환율'이란 한 나라의 돈을 다른 나라의 돈으로 바꿀 때, 얼마나 많은 양을 받아야 하는지를 나타내는 것이에요.
예를 들어, 환율이 1달러당 1,000원일 때, 1달러를 바꾸려면 1,000원을 주어야 해요. 그런데 환율이 오르면, 1달러를 바꿀 때 더 많은 원화를 주어야 해요. 예를 들어, 1달러를 1,200원에 바꾼다면 환율이 올랐다고 할 수 있어요. 그 반대로, 1달러를 900원에 바꾼다면 환율이 내렸다고 할 수 있어요. 환율이 내려가면, 여행할 때 비용이 적게 들어가고, 다른 나라 물건을 살 때도 더 싸게 살 수 있답니다.

환율은 무역할 때 중요해요

무역은 나라 간에 물건이나 서비스를 주고받는 것이에요. 각 나라는 자연환경과 기술 등이 다르기 때문에, 서로 장점을 살려 물건을 교환하고 있어요. 예를 들어, 우리나라는 뛰어난 기술로 스마트폰이나 자동차를 만들어 팔고, 우리나라에서 나지 않는 석유와 같은 자원을 다른 나라에서 사 오지요. 무역에서 환율은 중요한 역할을 하는데, 환율이 낮을수록 나라들은 자기 나라의 물건을 싸게 팔 수 있고, 다른 나라 물건을 싸게 살 수 있어요. 반대로 환율이 높으면 나라들은 자기 나라의 물건을 비싸게 팔고, 다른 나라 물건을 비싸게 사야 하지요. 환율이 낮을 때와 높을 때를 잘 알고 수입하는 물건과 수출하는 물건을 잘 선택해서 무역하는 게 중요하답니다.

  경제랑 놀아요 정답

환전을 해요

한 나라의 돈을 다른 나라 돈으로 바꾸는 것을 '환전'이라고 해요.
여러 나라의 돈에 대해 알아보고, 환전도 해 보아요.

세계 여러 나라의 다양한 돈

나라마다 돈의 단위가 다른데, 우리나라 돈은 '원'으로 나타내고, '원화'라고 불러요.
미국 돈의 단위는 '달러', 중국 돈의 단위는 '위안', 일본은 '엔', 유럽은 '유로'예요. 그 외 다른 나라도 자기 나라만의 돈의 단위가 있어요. 또 각 나라의 돈에는 그 나라의 역사와 문화를 알 수 있는 유명한 인물이나 건물 등이 그려져 있어요.

고양이와 강아지가 돈을 바꾸어요

우리나라 돈을 맞게 바꾸어 준 곳을 골라 ○해 보세요.